BOEKANALYSE

AF156524

Muizen en mensen

. . . .

JOHN STEINBECK

BOEKANALYSE

Geschreven door Maël Tailler
Vertaald door Nikki Claes

Muizen en mensen

JOHN STEINBECK

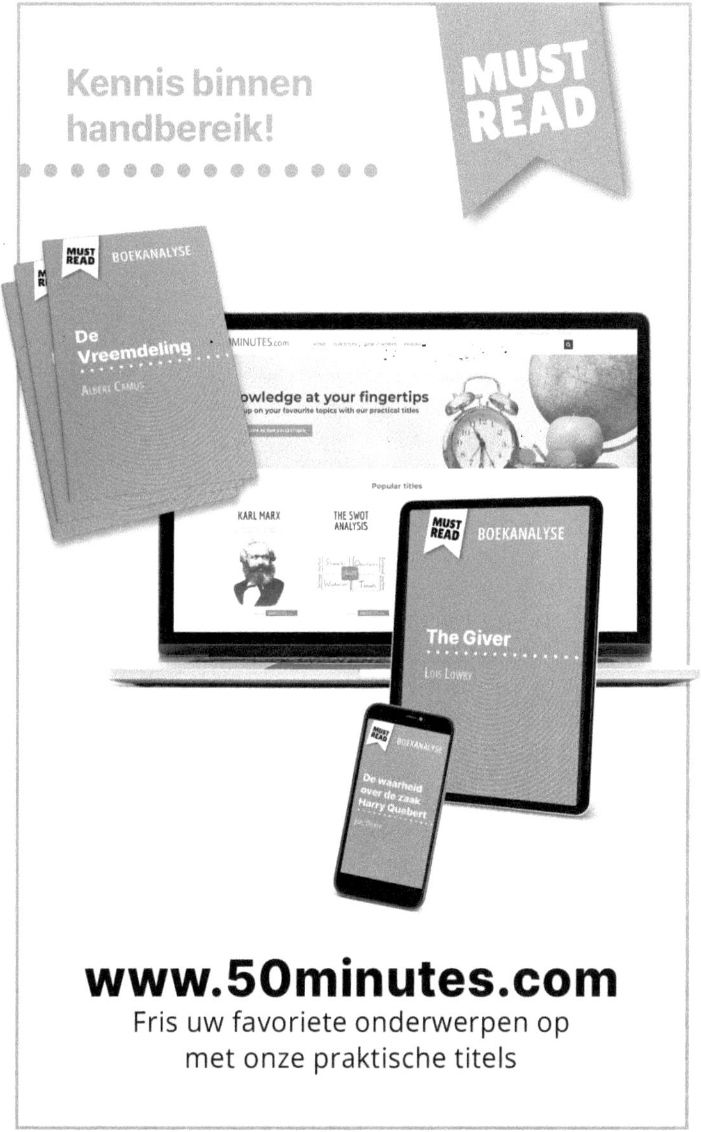

Kennis binnen handbereik!
MUST READ
MUST READ
BOEKANALYSE
De Vreemdeling
Albert Camus
MINUTES.com
owledge at your fingertips
Popular titles
KARL MARX
THE SWOT ANALYSIS
MUST READ
BOEKANALYSE
The Giver
Lois Lowry
MUST READ
BOEKANALYSE
De waarheid over de zaak Harry Quebert
www.50minutes.com
Fris uw favoriete onderwerpen op met onze praktische titels

JOHN STEINBECK

AMERIKAANSE SCHRIJVER

- **Geboren in Salinas (Californië) in 1902.**
- **Overleden in New York in 1968.**
- **Opmerkelijke werken:**
  - *Tortilla Flat* (1935), roman
  - *De druiven gramschap* (1939), roman
  - *East of Eden* (1952), roman

De Amerikaanse schrijver John Ernst Steinbeck is vooral bekend om zijn romans en novellen, die zich meestal afspelen in zijn geboorteland en zich richten op de moeilijke levensomstandigheden van de plattelandsbevolking. Hij werkte ook als verslaggever voor de *International Herald Tribune* tijdens de Tweede Wereldoorlog (1939-1945).

In 1962 ontving Steinbeck de Nobelprijs voor de Literatuur voor zijn gehele literaire oeuvre. Verschillende van romans zijn bewerkt voor de bioscoop, en deze bewerkingen bijgedragen aan de populariteit van zijn werk.

MUIZEN EN MENSEN

DE ESSENTIËLE DIERLIJKHEID VAN DE MENS

- **Genre:** novelle

- **Referentie uitgave:** Steinbeck, J. (2000) *Muizen en mensen*. Londen: Penguin.

- **1e editie:** 1937

- **Thema's:** vriendschap, dromen, de Grote Depressie, geweld, dood, armoede

Muizen en mensen werd voor het eerst gepubliceerd in 1937 en vertelt het verhaal van Lennie Small, een fysiek imposante, wonderbaarlijk sterke man met leerproblemen, en George Milton, een kleine, gevatte man, die samen op een ranch in Zuid-Californië en onafscheidelijk zijn. Ze dromen ervan genoeg geld te sparen om hun eigen boerderij te kopen en daar een eenvoudig leven te leiden. De wereld van de ranch is echter onontkoombaar gewelddadig en hoewel hij geen kwaad in de zin had, doodt Lennie per ongeluk de vrouw van de zoon van de baas, Curley.

SAMENVATTING

EEN NIEUWE BAAN

Twee seizoenarbeiders, Lennie, een grote man met leerproblemen, en George, een kleine, intelligente jongeman, zijn gevlucht van een ranch in het dorp Weed in het noorden van de Verenigde Staten, en zwerven nu door het Californische platteland in de buurt van Soledad, een afgelegen stadje in het zuiden. George besluit de nacht door te brengen bij een rivier en de volgende ochtend de naburige ranch te bezoeken in de hoop werk te vinden. Zo kunnen ze het geld verdienen dat ze nodig hebben om een eigen boerderij te kopen.

Terwijl hij een blik bonen opwarmt, waarschuwt George Lennie dat hij zich moet gedragen als ze hun droom om met hun inkomen op een eigen boerderij te wonen, willen verwezenlijken. Dit betekent dat hij geen dode muis meer in zijn zak moet hebben, uit de buurt van meisjes moet blijven en vooral zijn mond moet houden. We leren dat Lennie een moeilijke jeugd heeft gehad: hij werd op jonge leeftijd wees en opgevoed door een vrouw genaamd Clara in het stadje Auburn. Nu is hij afhankelijk van George.

De volgende dag ontmoeten ze in de slaapvertrekken van de ranch een oude ranchknecht, Candy, de baas en zijn zoon Curley, een kleine, nerveuze, arrogante man die hen onmiddellijk probeert te intimideren. Zodra ze de slaapzaal hebben verlaten, waarschuwt Candy hen voor Curley ("Curley neemt geen risico's. Hij wint altijd", blz. 30-31) en zijn vrouw, die "een oogje heeft" (blz. 29). Als een bevestiging van wat hij zegt, komt ze hen tegemoet en doet alsof ze haar man zoekt.

George is bezorgd en geeft Lennie meer advies voordat Carlson en Slim, twee andere seizoenarbeiders, binnenkomen. Slim's hond heeft net puppies gekregen en Lennie wil er een om te aaien. Slim stemt ermee in hem er een te geven.

Tijdens hun pauzes spelen de seizoenarbeiders met het gooien van hoefijzers zo dicht mogelijk bij een spijker; degene die de spijker weet te raken wint het spel en het geld dat de spelers hebben neergelegd. Terwijl de anderen spelen, praat Slim met George in de slaapzaal, en George vertelt hem over Lennie's moeilijke jeugd en hun ontsnapping aan Weed.

Kort daarna komt Carlson binnen en begint Candy onder druk te zetten om zijn hond, die stinkt en mank loopt, te doden. De oude man geeft uiteindelijk toe en Carlson vertrekt met het oude, zieke dier. Op dat moment komt Curley binnen en vertelt de arbeiders dat hij op zoek is naar zijn vrouw. Iedereen volgt hem, behalve Lennie, Candy en George. Wanneer George begint te praten over de boerderij die hij en Lennie willen kopen, besluit Candy, die helemaal alleen op de wereld is, zich bij hun onderneming aan te sluiten.

Later komt Curley weer binnen en verontschuldigt zich bij Slim, die genoeg heeft van zijn alles verterende jaloezie. Vervolgens reageert hij zijn frustraties af op Lennie door hem uit te dagen en te slaan. Lennie accepteert het pak slaag passief, omdat hij niet weet wat de gevolgen zullen zijn als hij terugvecht, maar als George hem zegt dat hij moet aanvallen, verplettert hij Curley's hand. Lennie is bang, omdat hij vreest dat hun droom nu nooit zal uitkomen.

EEN ONMOGELIJKE DROOM

Op zaterdagavond, terwijl George en de anderen naar Old Susy's bordeel gaan, gaat Lennie naar de stallen waar Crooks, de zwarte, gehandicapte stalknecht, slaapt. Hij kan zijn mond niet houden en begint te praten over hun droom, en al snel voegt Candy zich bij hen en springt in het gesprek. Crooks is geïnteresseerd, maar hij gelooft niet dat hun droom ooit werkelijkheid zal worden: "Nobody gets to heaven, and nobody gets no land" (p. 73).

Curley's vrouw, die opnieuw doet alsof ze haar man zoekt, arriveert en vraagt wat er met zijn hand is gebeurd. Candy en Crooks worden boos als ze Lennie begint te plagen en over hen begint te praten alsof het gewone zwervers zijn. Ze weet echter dat ze beschermd wordt door haar sociale status en zegt hen te zwijgen omdat hun mening er niet toe doet: "Niemand luistert naar je, en dat weet je" (p. 80). George komt terug en is woedend op Lennie omdat hij over hun geheim heeft gesproken.

Op een late middag blijft Lennie alleen achter in de stal met een dode puppy terwijl de anderen hoefijzers spelen. Hij probeert het te verbergen, omdat hij bang is dat als George erachter komt, hij hem niet op de konijnen op hun boerderij zal laten passen. Curley's vrouw komt met hem praten, en hoewel hij aanvankelijk terughoudend is, laat hij zich al snel meeslepen in een gesprek met haar. Ze vertrouwt hem toe dat ze actrice had willen worden, maar zich heeft neergelegd bij een huwelijk met Curley. Lennie vertelt haar dat hij graag zachte dingen streelt, en wanneer hij haar haar wil aanraken, deinst ze terug voordat ze zich bedenkt. Ze ziet hem als "een grote baby" (p. 89), en nodigt hem uiteindelijk uit om haar te strelen.

Lennie begint echter steeds ruwer door haar te strijken, en als de jonge vrouw in paniek raakt en begint te gillen, ziet hij rood. In zijn pogingen haar stil te houden, breekt hij per ongeluk haar nek. Als Candy en George binnenkomen en het levenloze lichaam van de jonge vrouw ontdekken, weten ze dat hun droom voorbij is, want ze beseffen onmiddellijk dat Lennie haar heeft vermoord en dat Curley hem zal willen lynchen. George gaat dan het pistool van Carlson stelen en doet alsof hij tegelijk met Curley en de anderen, die net het lichaam hebben ontdekt, ter plaatse komt. Ondanks George's pogingen om Curley te kalmeren en zijn vriend te redden, is hij niet voor rede vatbaar, en Lennie wordt ter dood veroordeeld.

Lennie gaat terug naar de rivieroever, zoals George hem had gezegd te doen als het mis zou gaan. Hij voelt zich schuldig en beeldt zich in dat zijn tante en een reusachtig konijn hem komen uitschelden. George vindt hem en troost hem door over hun boerderij te praten en hem te vertellen dat het niet zijn schuld was. Tegelijkertijd haalt hij echter het pistool tevoorschijn en schiet met tegenzin, met trillende hand, zijn vriend in de nek. Als de anderen aankomen, zien ze Lennie's lichaam naast George, die "stijfjes" (p. 105) bij de rivier in stilte zit. Slim gaat naar hem toe en stelt voor dat hij iets met hen gaat drinken. Curley en Carlson begrijpen hun pijn niet.

KARAKTERSTUDIE

De eenvoudige structuur en plot van de roman maken het gemakkelijk om de personages te rangschikken op basis van de hoeveelheid macht die ze hebben, en die hun houding en gedrag bepaalt. Van meest naar minst machtig, hebben we:

DE BAAS

De baas is een kleine, gedrongen man die niets geeft om zijn werknemers, zolang ze maar werken. Hij vertegenwoordigt het gezag, maar komt maar één keer in het verhaal voor.

CURLEY

Net als zijn vader, aan wie hij zijn macht te danken heeft, onderscheidt Curley zich met zijn kleding van de seizoenarbeiders: hij draagt laarzen met hoge hakken en een handschoen vol vaseline aan zijn linkerhand om die "zacht te houden voor zijn vrouw" (p. 29).

Hij is uitgesproken jaloers, provoceert graag anderen en besteedt zijn tijd aan het herinneren van de seizoenarbeiders aan zijn status en het achterna lopen van zijn vrouw. Hij is arrogant, ijdel en ongevoelig, en heeft iets van een complex over zijn kleine gestalte: Candy vertelt George en Lennie dat hij "grote jongens haat" (p. 28). Hij probeert soms geweld te gebruiken om zijn macht te laten gelden (hij is een lichtgewicht bokser), maar iedereen doorziet zijn aanmatiging en hij vestigt nooit echt zijn gezag over mannen met karakter.

CURLEY'S VROUW

We krijgen nooit de naam van Curley's vrouw te horen. Ze is vulgair en onbeschoft, maar weet hoe ze de aandacht moet trekken: ze gedraagt zich uitdagend, draagt zware make-up en brengt de tijd door met de seizoenarbeiders te flirten. Onder dit vernis is ze verbitterd en eenzaam: ze wilde een Hollywood-actrice worden, maar nam genoegen met een huwelijk met Curley omdat er niemand beter voor haar was. Ze houdt niet van haar man, en zodra hij haar de rug toekeert, zoekt ze andere mensen om haar gezelschap te houden of gebruikt ze haar hogere sociale status om degenen die zwakker zijn dan met name Crooks en Candy, te vernederen.

Wanneer ze alleen is met Lennie, inspireert zijn vreemde maar vriendelijke verschijning om hem in vertrouwen te nemen. Als hij vraagt om haar te strelen, staat ze dat toe, niet alleen als beloning voor het luisteren naar haar, maar ook omdat ze trots is op haar zijdezachte haar. Lennie is echter te ruw met haar en breekt per ongeluk haar nek.

DE SEIZOENARBEIDERS

De seizoenarbeiders zijn eenvoudige mannen die allemaal "blauwe jeans en een kort spijkerjasje" dragen (p. 34). Ze zijn meestal alleenstaand en werken hard om een paar dollar per week te verdienen, die ze in het weekend uitgeven aan alcohol en meisjes om "alles uit hun systeem te krijgen" (p. 56). Ze dromen allemaal van een beter leven, maar hun barre levensomstandigheden maken dit onmogelijk.

Hun macht is relatief en van korte duur, en komt voort uit het bij elkaar blijven: Candy en Crooks weten bijvoorbeeld hun waardigheid te behouden door kortstondig stand te houden tegen Curley's vrouw. Maar hoewel ze een natuurlijke genegenheid voor elkaar voelen, dwingen hun individualisme en hun angst om hun baan te verliezen ieder van hen tot wantrouwen en afstand houden van de anderen.

De seizoenarbeiders staan centraal in de roman, en kunnen in twee groepen worden verdeeld:

De sterkste

- **George Milton** is "klein en snel, donker van gezicht, met rusteloze ogen en scherpe, sterke trekken" (p. 4). Hij en Lennie zijn de twee hoofdpersonen van het verhaal. George is een intelligente, eerlijke, spontane en gulle man die Lennie onder zijn hoede nam nadat de vrouw die hem opvoedde was overleden. Hoewel de twee mannen in veel opzichten verschillen, vullen ze elkaar aan en vormen ze een sterk verbond: George's snelle geest en Lennie's wonderbaarlijke kracht zijn beide essentieel voor hun overleving. De achternaam van George is een verwijzing naar een van Steinbecks literaire inspiratiebronnen, de Engelse dichter John Milton (1608-1674), wiens epische gedicht *Paradise Lost gaat* over de val van de mens en daarom verhaal van George en Lennie echoot.

- **Carlson** is een sterke, goed gebouwde man. Wanneer hij besluit Candy's hond te doden, durft niemand hem uit te dagen.

- **Slim**, de vilder van de ranch, is een vriendelijke man met een diepe stem die alom gerespecteerd wordt. Hij is degene die de ranch echt runt.

- **Whit is** de jongste man op de boerderij, maar loopt al gebukt vanwege zijn werk.

De zwakste

- **Lennie Small is** qua uiterlijk George's tegenpool: hij is "een enorme man, vormeloos van gezicht, met grote, bleke ogen en brede, schuine schouders" (p. 4). Hij is lichamelijk imposant, geestelijk gehandicapt en goedhartig, en wordt vaak vergeleken met een dier ("hij liep zwaar en sleepte een beetje met zijn voeten, zoals een beer met zijn poten sleept", *ibid.*) of een kind ("hij is net een kind", blz. 44). Hij is onschuldig, onhandig, gevoelig en onintelligent, en vertrouwt op George omdat hij niet in staat is zelfstandig te leven. Hij is ontegenzeggelijk de sterkste man op de ranch, fysiek gezien, maar zijn naïviteit en gebrek aan intelligentie maken hem vaak kwetsbaar (George is duidelijk de dominante figuur in hun vriendschap en geeft hem de schuld van al hun problemen; Curley reageert zijn woede op hem af). Zijn achternaam contrasteert met zijn kracht en wijst op zijn zwakte.

- **Candy** is een oude man met een witte baard die versleten is door het leven. Hij heeft zijn linkerhand verloren tijdens het werk, waardoor hij nu alleen nog huishoudelijke taken kan uitvoeren, en hij is te oud om de anderen te vergezellen als ze naar de stad gaan. Hij is bang om alleen te sterven omdat hij weet dat als hij een last wordt, hij niet uit zijn lijden zal worden verlost zoals Carlson deed voor zijn hond.

- **Crooks**, de zwarte, gehandicapte stalknecht, staat helemaal onderaan in de hiërarchie van de ranch. Vanwege zijn ras wordt hij als minderwaardig beschouwd en verbannen: hij is de enige die in de stallen slaapt, waar geen enkele andere seizoensarbeider komt (Lennie is de eerste die dat doet), praat met hem en de andere mannen weigeren hem mee te laten doen aan hun kaartspelen, omdat hij zou stinken. Hij is echter de beste in het gooien van hoefijzers en de enige die boeken leest.

ANALYSE

STEINBECK EN ZIJN TIJD

De Grote Depressie

Hoewel het verhaal van George en Lennie fictief is, was de Grote Depressie die de achtergrond ervan vormt echt, en was het de ernstigste economische crisis van de 20e eeuw. Ze werd veroorzaakt door de Wall Street Crash op 24 oktober 1929, die een groot deel van de wereld in een tien jaar durende recessie stortte. In de VS ging deze periode gepaard met torenhoge werkloosheid, toenemende armoede en ingrijpende sociale en economische veranderingen.

Amerikaanse boeren werden bijzonder hard getroffen door de crisis, aangezien de Grote Depressie de prijzen van gewassen deed kelderen en leidde tot een daling van de landbouwproductie met 60%. Veel boeren werden geruïneerd en verloren hun boerderij.

Deze moeilijke omstandigheden werden nog verergerd door een ongekende natuurramp die bekend staat als de Dust Bowl. Dit was een periode van ernstige droogte en stofstormen die de Great Plains in het midden van de VS troffen. Dit vernietigde de oogsten en was, samen met de gevolgen van de Grote Depressie, voldoende om veel kleine boeren tot de ondergang te drijven.

Boeren werden gedwongen hun land te verlaten en naar Californië te trekken, dat werd gezien als een "beloofd land" vanwege het gematigde klimaat en de bloeiende fruit- en groenteteelt. Steinbeck besteedde in zijn beroemdste roman, *The Grapes of Wrath,* veel aandacht aan deze uittocht, die in de jaren dertig meer dan een miljoen boeren naar Californië bracht. Dit enorme aantal arbeidskrachten maakte het voor de eigenaren mogelijk om de lonen aanzienlijk te verlagen, waardoor de boeren tot armoede werden gedwongen. Hierdoor vielen landarbeiders tijdens de Grote Depressie vaak ten prooi aan hetzelfde pessimisme en fatalisme als de personages in *Muizen en mensen.*

De economische crisis en de uittocht van landarbeiders vormen de achtergrond van het verhaal. Het verhaal van George en Lennie illustreert de ontberingen van deze rondtrekkende arbeiders en de droom die velen van hen deelden: een baan vinden en genoeg geld verdienen om hun onafhankelijkheid te waarborgen.

Behaviourisme

Het behaviorisme is een tak van de psychologie die begin [20e] eeuw in de Verenigde Staten is ontwikkeld door de psycholoog John Broadus Watson (1878-1958) en waarbij menselijk gedrag objectief wordt geobserveerd. Het is een vorm van gedragspsychologie, en behavioristen geloven dat de beste manier om de mentale toestand van een individu te analyseren niet is om zijn gedachten en gevoelens te onderzoeken, maar om zijn uiterlijke gedrag en houding te bekijken.

Veel auteurs uit het begin van ^{de 20e} eeuw, waaronder Steinbeck, werden beïnvloed door het behaviorisme. Het speelt een sleutelrol in de meeste van zijn romans, die zich ook onderscheiden door hun realisme: hij beschrijft het gedrag van zijn personages met grote precisie en objectiviteit, en de derde-persoonsverteller vertelt de gebeurtenissen van het verhaal met totale onpartijdigheid. We leren over de personages via hun gesprekken en objectieve beschrijvingen. Een treffend voorbeeld hiervan zien we aan het begin van de roman, wanneer we voor het eerst kennismaken met George en Lennie. We krijgen geen inzicht in hun gedachten, dus het is onmogelijk te zeggen wie ze zijn of wat ze denken, maar we krijgen inzicht in hun belangrijkste persoonlijkheidskenmerken door de manier waarop ze worden beschreven.

Als we George en Lennie voor het eerst tegenkomen, lopen ze "in één rij" (p. 4), waarbij George, de dominantste van de twee mannen, loopt. Hij komt dynamisch en zelfverzekerd over ("Elk deel van hem was gedefinieerd", *ibid*.), en zijn "rusteloze ogen en scherpe sterke gelaatstrekken" (*ibid*.) geven de indruk dat zijn leven niet gemakkelijk is geweest. Lennie daarentegen lijkt een zachtaardiger karakter te hebben: hij volgt George, schijnbaar zonder te weten of te geven waar ze heen gaan, en heeft een "vormeloos" gezicht en "afhangende schouders" (*ibid*.). Hij "loopt zwaar, sleept zijn voeten een beetje" en zijn armen "zwaaien niet aan zijn zijde, maar hangen losjes" (*ibid*.). Steinbeck gebruikt een zeer "visuele" schrijfstijl voor deze beschrijving.

We krijgen geen details over het verleden of de persoonlijkheid van de twee hoofdpersonen, maar deze beschrijving van hun gedrag geeft ons meteen een idee van hoe ze zijn. Ook wanneer de twee vrienden Curley voor het eerst ontmoeten, neemt hij een intimiderende houding aan: "Zijn armen bogen zich geleidelijk aan bij de ellebogen en zijn handen sloten zich tot vuisten. Hij verstijfde en ging licht gehurkt zitten. Zijn blik was berekenend en strijdlustig tegelijk" (p. 27). De verteller zegt niet expliciet dat Curley arrogant en wantrouwend is, maar zijn gespannen, agressieve houding en vijandige blik spreken boekdelen over zijn persoonlijkheid.

Hoewel de verteller objectief blijft en we geen inzicht krijgen in de gedachten van de personages, is de tekst verre van gespeend van emotie. Zo weerspiegelt het contrast tussen de poëtische, visuele beschrijvingen en de korte, scherpe dialoog de dubbelzinnige relatie tussen George en Lennie, die tegelijk ruw en teder lijkt. Ondanks George's beweringen van het tegendeel (aan het begin van de roman zegt hij dat hij beter zou zijn zonder Lennie), is hun vriendschap zeer sterk. Het feit dat de andere personages, zoals Candy en Crooks, er helemaal alleen voor staan, zet hun relatie nog meer op scherp.

MENSELIJKHEID EN DIERLIJKHEID

De titel van de roman is geïnspireerd op een fragment uit het gedicht "To a Mouse" van de Schotse dichter Robert Burns (1757-1796): "The best laid schemes o' mice an' men/Gang aft agley" (in het Engels vaak geparafraseerd als "the best laided plans Muizen en mensen often go awry"). Deze titel suggereert dat mensen en dieren fundamenteel op elkaar lijken (een indruk die nog wordt versterkt door de alliteratie van "muizen" en "mannen", die de twee soorten symbolisch met elkaar verbindt) en dat we, ondanks onze pretenties, diep van binnen allemaal dieren zijn.

Deze vergelijking komt in de hele roman terug:

- Lennie's uiterlijk, gebrek aan intelligentie en impulsiviteit inspireren de verteller om hem te vergelijken met een beer (blz. 4 en 98), een paard (blz. 4) en een hond (blz. 71);

- de mannen worden vaak vergeleken met honden, ratten (George Curley's vrouw als "een rattenvanger als ik er ooit een heb gezien", blz. 34) en konijnen;

- vrouwen worden vaak vergeleken met kippen (blz. 78).

Twee subplots versterken deze parallel:

- Slim's puppies. Slim wordt gedwongen om de zwakste helft van zijn nest puppies te doden zodat de anderen kunnen overleven. Bovendien ligt het lichaam van Curley's vrouw op de vloer van de stal naast de puppy die Lenny per ongeluk heeft gedood.

- Candy's seniele oude hond. Net als zijn viervoeter hinkt Candy rond op de ranch, maar hij laat zich niet uit zijn lijden verlossen als hij de anderen tot last is. Crooks wordt verstoten omdat de andere mannen zeggen dat hij stinkt (hij slaapt in de stallen, weg van de andere mannen), maar het is de geur van de hond die Carlson ertoe aanzet hem te doden. Crooks wordt dus impliciet vergeleken met een hond.

FORESHADOWING IN DE ROMAN

Verschillende voorspellen het tragische einde van de roman. Dit narratieve determinisme geeft een pessimistische kijk op de wereld, maar een sprankje hoop blijft.

Tot laat in het verhaal wordt de lezer aangemoedigd om te geloven dat de droom van George en Lennie nog steeds kan uitkomen. Hoewel Lennie herhaaldelijk zijn belofte breekt om te zwijgen over hun plannen, hoe meer hij praat, hoe meer mensen zich achter hun droom scharen, hoe meer hun toekomstige gemeenschap groeit en hoe meer deze droom werkelijkheid lijkt te worden. De lezer wordt daarom uitgenodigd om met hen mee te hopen, en de roman doet het voorkomen alsof George en Lennie aan het lot van hun landgenoten kunnen ontsnappen.

Er zijn echter een aantal aanwijzingen die wijzen op het tragische einde van de roman:

- **De titel**. Lezers die Burns' gedicht kennen, weten dat het pessimistisch is.

- **De personages van de roman en de wereld die erin wordt beschreven**, die wordt gekenmerkt door geweld, armoede en individualisme. Hierdoor ontstaat een keten van onderdrukking die uiteindelijk onvermijdelijk een van de schakels ervan verbreekt. De vriendschap tussen George en Lennie vormt een uitzondering op deze regel, en het is veelzeggend dat deze van binnenuit wordt verbroken: George doodt Lennie, maar hij had met hem weg kunnen lopen.

- **George's achternaam** (Milton). Deze intertekstuele verwijzing wijst erop dat de boerderij die de hoofdpersonen dromen te kopen ook een "verloren paradijs" is.

- **Lennie**, die onbedoeld schade veroorzaakt en herhaaldelijk door de andere personages, met name George, wordt gewaarschuwd voor zijn gedrag. De regels waaraan hij zich moet houden lijken eenvoudig genoeg: hij moet zijn mond houden, vrouwen vermijden en voorzichtig zijn met zwakkere wezens (zoals de pups). Zijn omvang, macht en impulsiviteit maken het hem echter onmogelijk zich aan de regels te houden. Tegen het begin van de roman leren we dat hij problemen veroorzaakt op de ranch in Weed, waar hij in een gemeenschap met andere mannen leeft. Na verloop van tijd heeft zijn ongepast steeds ernstigere gevolgen: hij doodt een muis, dan een puppy, dan een vrouw, voordat hij zelf wordt gedood.

- Op tekstueel niveau zijn er enkele **schijnbaar profetische passages**:

  - De duisternis die tegen het einde van de roman geleidelijk in de stal doordringt, is de voorbode van een tragische gebeurtenis (de dood van Curley's vrouw, die een einde maakt aan Lennie's droom).

  - Als de beschrijving van de omgeving van de rivier wordt vergeleken met het begin van de roman, is dat een voorbode van het einde van de roman. Aanvankelijk lijkt de natuurlijke omgeving van George en Lennie rustig en harmonieus, en talrijke beschrijvingen versterken deze indruk: "wilgen fris en groen bij elke lente" (p. 3); "een pad dat hard geslagen wordt door jongens die van de ranches komen om in het diepe zwembad te zwemmen" (*ibid*.), enz. Tegen het einde van de roman is deze omgeving veranderd, want de harmonie tussen de soorten heeft plaatsgemaakt voor een gewelddadige strijd (een reiger eet een slang op voordat hij door Lennie wordt verjaagd) en het sluimerende leven heeft plaatsgemaakt voor een vredige dood: "een aangename schaduw was gevallen", "bruine, droge bladeren op de grond" "en rij na rij van kleine windgolven stroomden de groene poel op" (p. 98).

De roman bevat dan ook tal van aanwijzingen dat de personages een tragisch einde tegemoet gaan. Het is een metafoor voor een maatschappij waarin iedereen dromen heeft die nooit zullen uitkomen.

EEN THEATRALE ROMAN

Muizen en mensen was een onmiddellijk succes toen het in 1937 werd gepubliceerd, en regisseur George S. Kaufman (1889-1961) stelde Steinbeck al snel een Broadway-bewerking voor. Ook dit stuk was een hit, met 207 voorstellingen en de prijs voor het beste stuk van 1938 van de New York Drama Critics' Circle.

Het succes van deze bewerking is niet verwonderlijk, aangezien *Muizen en mensen* een hybride werk is met kenmerken van zowel de roman als het toneelstuk: hoewel het de vorm van een roman heeft, kan het door zijn structuur met minimale wijzigingen worden bewerkt voor het toneel. Een criticus ging zelfs zover het boek een "toneel-novelle" te noemen.

De hybriditeit van de roman is duidelijk zichtbaar in de vorm van het verhaal. Omdat Steinbeck een objectieve derde-persoonsverteller gebruikt, kruipt de lezer in de rol van toeschouwer en ziet hij de gebeurtenissen zich ontvouwen alsof het boek een toneelstuk is. Er is ook een aanzienlijke hoeveelheid dialoog, vergezeld van delen van de vertelling die zo kort zijn dat ze lijken op regieaanwijzingen. De scène waarin we kennismaken met de vrouw van Curley, die meteen een flirterige houding aanneemt, illustreert deze aanpak perfect:

> "Oh!" Ze deed haar handen achter haar rug en leunde tegen het deurkozijn zodat haar lichaam naar voren werd geworpen.
>
> Jullie zijn de nieuwe jongens die net zijn gekomen, nietwaar?
>
> Ja.
>
> Lennie's ogen bewogen over haar lichaam naar beneden, en hoewel ze Lennie niet leek aan te kijken, fronste een beetje. Ze keek naar haar vingernagels.
>
> Soms is Curley hier,' legde ze uit. [...] Ze glimlachte boogvormig en draaide haar lichaam. 'Niemand kan iemand verwijten dat hij kijkt' zei ze. Er klonken voetstappen achter haar, die voorbijgingen. Ze draaide haar hoofd om." (blz. 32-33)

Bovendien neemt roman twee van de drie eenheden van het klassieke theater in acht, namelijk eenheid van plaats (het hele verhaal speelt zich af op de ranch) en eenheid van handeling (het verhaal kent één hoofdplot, namelijk de geleidelijke ondergang van de droom van George en Lennie). De eenheid van tijd wordt echter niet gerespecteerd: terwijl deze regel stelt dat de plot van een toneelstuk zich in maximaal 24 uur mag afspelen, ontvouwen de gebeurtenissen in de roman zich in de loop van drie dagen. Ten slotte heeft het verhaal zowel de dichtheid als het gevoel van determinisme van een klassiek toneelstuk, aangezien het tragische einde van de roman vanaf het begin wordt voorspeld, waarbij Steinbeck steeds meer hints laat vallen over het naderende onheil (de dood van Curley's vrouw en Lennie).

Wat ze ook doen, de personages zijn gedoemd, en hoewel ze aan het begin van de roman vol hoop zijn, beseffen ze al snel dat ze hun lot niet kunnen ontlopen: hun paradijs is verloren, en Lennie's goede bedoelingen zijn niet genoeg om hem te redden van de problemen die hij veroorzaakt.

Muizen en mensen is bovenal het verhaal van de onwrikbare vriendschap van de twee hoofdpersonen, waarvan de kracht voortkomt uit de eenvoud ervan en de moeilijke omstandigheden waarin zij werd gesmeed. De kracht van de roman ligt in zijn emotionele resonantie, waardoor het een onmiskenbare klassieker is in de Amerikaanse literatuur.

VERDERE REFLECTIE

ENKELE VRAGEN OM OVER NA TE DENKEN...

- Verklaar de titel van de roman.

- Wat zeggen de fysieke beschrijvingen van de personages in de roman over hun persoonlijkheid?

- Hoe worden vrouwen in de roman afgeschilderd? Is dit hetzelfde als in Steinbecks andere werken?

- Identificeer en verklaar de vergelijkingen tussen mensen en dieren die in de hele roman terugkomen.

- Hoe weerspiegelt de roman de historische context waarin hij is geschreven (de jaren dertig)?

- Is Steinbecks weergave van de menselijke conditie volgens jou optimistisch of pessimistisch? Leg je antwoord uit.

- Waarom besloten George en Lennie de ranch in Weed te verlaten?

- Verschillende elementen verwijzen naar het tragische einde van het werk. Welke zijn dat?

- Waarom doodt George Lennie aan het eind van de roman?

- Schets de belangrijkste verschillen tussen George en Lennie.

VERDER LEZEN

REFERENTIE-UITGAVE

Steinbeck, J. (2000) *Muizen en mensen*. Londen: Penguin.

AANPASSINGEN

Steinbeck, J. (1937) *Muizen en mensen* (toneelstuk). Eerste opvoering in het Music Box Theatre, Broadway in 1937.

Muizen en mensen. (1939) [Film]. Lewis Milestone. Dir. USA: Hal Roach Studios.

Floyd, C. (1969) *Muizen en mensen* (opera). Voor het eerst uitgevoerd door de Seattle Opera in 1970.

Muizen en mensen. (1992) [Film]. Gary Sinise. Dir. USA: Metro-Goldwyn-Mayer (MGM).

*We horen graag van jou! Laat
een reactie achter op jouw online bibliotheek
en deel je favoriete boeken op social media!*

De uitgever garandeert de betrouwbaarheid van de gepubliceerde informatie, die echter niet onder zijn verantwoordelijkheid valt.

www.50minutes.com

Master ISBN: 9782808687904
Papier ISBN: 9782808699303
Wettelijk depot: D/2023/12603/1210

Omslag: © Primento

Digitaal ontwerp: Primento, de digitale partner van uitgevers.